Caderno do Futuro

Simples e prático

História

1º ano

ENSINO FUNDAMENTAL

3ª edição
São Paulo - 2013

IBEP

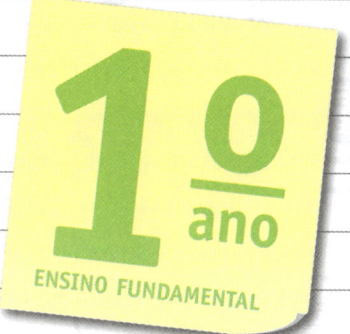

Coleção Caderno do Futuro
História e Geografia
© IBEP, 2013

Diretor superintendente	Jorge Yunes
Gerente editorial	Célia de Assis
Editor	Renata Regina Buset
Assessora pedagógica	Valdeci Loch
Assistente editorial	Fernanda Santos
Revisão	André Tadashi Odashima
	Berenice Baeder
	Luiz Gustavo Bazana
	Maria Inez de Souza
Coordenadora de arte	Karina Monteiro
Assistente de arte	Marilia Vilela
	Tomás Troppmair
	Nane Carvalho
	Carla Almeida Freire
Coordenadora de iconografia	Maria do Céu Pires Passuello
Assistente de iconografia	Adriana Neves
	Wilson de Castilho
Ilustrações	José Luís Juhas
	Camila Scavazza
Produção gráfica	José Antônio Ferraz
Assistente de produção gráfica	Eliane M. M. Ferreira
Projeto gráfico	Departamento de Arte Ibep
Capa	Departamento de Arte Ibep
Editoração eletrônica	N-Publicações

CIP-BRASIL. CATALOGAÇÃO-NA-FONTE
SINDICATO NACIONAL DOS EDITORES DE LIVROS, RJ

P32h

Passos, Célia
   História e geografia : 1º ano / Célia Maria Costa Passos, Zeneide Albuquerque Inocêncio da Silva. - 1. ed. - São Paulo : IBEP, 2012.
   il. ; 28 cm.   (Novo caderno do futuro)

   ISBN 978-85-342-3514-3 (aluno) - 978-85-342-3519-8 (mestre)

   1. História - Estudo e ensino (Ensino fundamental). 2. Geografia - Estudo e ensino (Ensino fundamental). I. Silva, Zeneide II. Título. III. Série.

12-8650.   CDD: 372.89
              CDU: 373.3.0162:930

27.11.12 28.11.12   040988

3ª edição - São Paulo - 2013
Todos os direitos reservados.

Av. Alexandre Mackenzie, 619 - Jaguaré
São Paulo - SP - 05322-000 - Brasil - Tel.: (11) 2799-7799
www.editoraibep.com.br   editoras@ibep-nacional.com.br

Reimpressão Gráfica Cromosete - Janeiro 2016

SUMÁRIO

História

BLOCO 1 04
Eu

BLOCO 2 08
Identidade
Família

BLOCO 3 13
O tempo passa

BLOCO 4 20
Todos temos uma história

BLOCO 5 23
Moradias
Escola
Profissões

BLOCO 6 29
Datas comemorativas

Geografia

BLOCO 1 45
Lado direito e lado esquerdo

BLOCO 2 53
O planeta
As moradias

BLOCO 3 58
O caminho para a escola
Os espaços da escola
A sala de aula

BLOCO 4 63
As paisagens

BLOCO 5 70
Meios de transporte

BLOCO 6 74
Trânsito

BLOCO 7 77
Meios comunicação

BLOCO 1

CONTEÚDO:
- Eu

Lembre que:
- Nenhuma criança do mundo é igual a você.
- Você é única.
- Mesmo sendo parecida com outras pessoas, não existe ninguém como você no mundo.

1. Marque as características abaixo que ajudam a descrever como você é.

☐ menino

☐ menina

☐ loiro (a)

☐ ruivo (a)

☐ moreno (a)

☐ alto (a)

☐ baixo (a)

☐ sorridente

☐ de olhos claros

☐ de olhos escuros

☐ falante

☐ calado (a)

2. Desenhe como você é: seu corpo, seu rosto, a cor da sua pele, do seu cabelo, dos seus olhos.

Lembre que:

- A linha do tempo de sua vida representa os anos que você viveu, desde o seu nascimento.
- Em cada parte dela estão registrados fatos importantes da sua vida.

3. Escolha um acontecimento importante de cada ano da sua vida para desenhar.

Eu nasci.

Eu tinha 1 ano.	Eu tinha 2 anos.

Eu tinha 3 anos.	Eu tinha 4 anos.

Eu tinha 5 anos.	Eu tinha 6 anos.

BLOCO 2

CONTEÚDOS
- Identidade
- Família

Lembre que:
- Todas as pessoas recebem um nome ao nascer.
- É um direito de todos nós termos nome e sobrenome.
- Existem pessoas que também têm apelidos.

1. Agora, com a ajuda de um adulto, responda.

Seu nome é:

Seu nome começa com a letra:

Quantas letras tem o seu nome?

Escreva seu nome e seu sobrenome.

Se você pudesse escolher outro nome, qual seria? Por quê?

2. Que outros nomes existem em sua família?

 Lembre que:

- Todas as pessoas precisam ter documentos. Eles trazem informações importantes sobre nós e permitem que sejamos identificados como cidadãos.

- Existem diferentes tipos de documentos pessoais. Por exemplo: Certidão de Nascimento, Carteira de vacinação, carteira escolar etc. Cada um deles traz informações específicas para nossa cidadania.

- Na sua família existem pessoas com o mesmo nome? Que nome é esse?

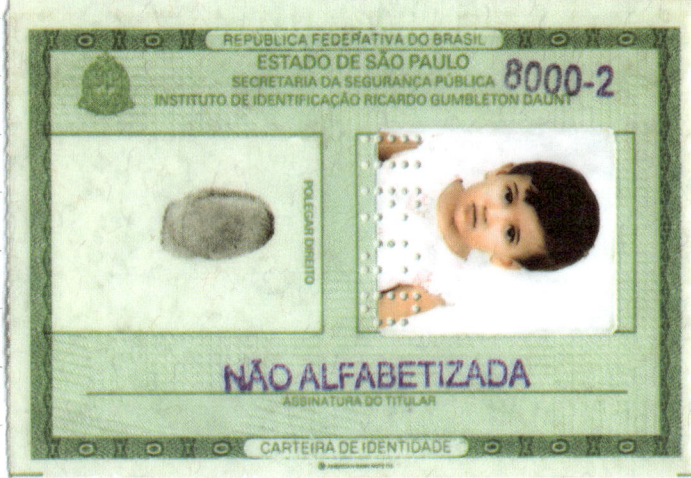

3. Descubra, com a ajuda dos adultos que vivem com você, os documentos que você possui. Desenhe um deles e complete as informações.

a) Esse documento é meu(minha):

b) Eu tenho esse documento desde:

4. Com quem você vive? Desenhe sua família.

Nem sempre o pai, a mãe e os filhos vivem juntos na mesma moradia.

Às vezes, os filhos moram só com o pai, ou só com a mãe, ou ainda com os avós, com os tios ou com outros parentes.

Existem crianças que são escolhidas para morar com outra família: são os filhos adotivos. Outras crianças vivem em orfanatos e formam uma grande família.

Viver em família não é somente morar junto.

Para viver bem, uma família precisa ser unida e todos devem se respeitar e se ajudar.

5. O professor vai ler e você vai pintar os quadradinhos das frases que dizem como devemos viver em família.

☐ Os pais devem cuidar bem dos filhos.

☐ Os irmãos podem brigar muito.

☐ A família deve viver com amor.

☐ Os filhos devem obedecer aos pais e respeitá-los.

BLOCO 3

CONTEÚDO:

- O tempo passa

O sol já brilha forte e está calor na hora do recreio da escola de Gabriel.

Lembre que:

- O dia fica diferente com o passar das horas.
- Vamos ver algumas mudanças acompanhando um dia da vida de Gabriel.

Gabriel acorda bem cedo para ir à escola. Nesse horário ainda está um pouco frio.

À tarde, Gabriel faz a lição de casa e depois brinca com amigos da vizinhança.

À noite, quando já está escuro e mais frio lá fora, é hora do jantar na casa de Gabriel.

Lembre que:

- Nem todos os dias são iguais.
- Existem dias em que está chovendo. Em outros dias, o céu está nublado e faz frio o dia inteiro.
- Nos fins de semana, em alguns feriados e durante as férias, as crianças não vão à escola. Muitos adultos não vão para o trabalho também.

Aos domingos, Gabriel gosta de ir ao parque com sua mãe, seu pai e sua irmã. Depois do parque, a família de Gabriel visita a avó, Rita. Todos adoram a comida da vovó Rita.

1. Pinte os balões que indicam o que você faz nos fins de semana. Escreva nos balões em branco algo diferente que você faça sábado ou domingo.

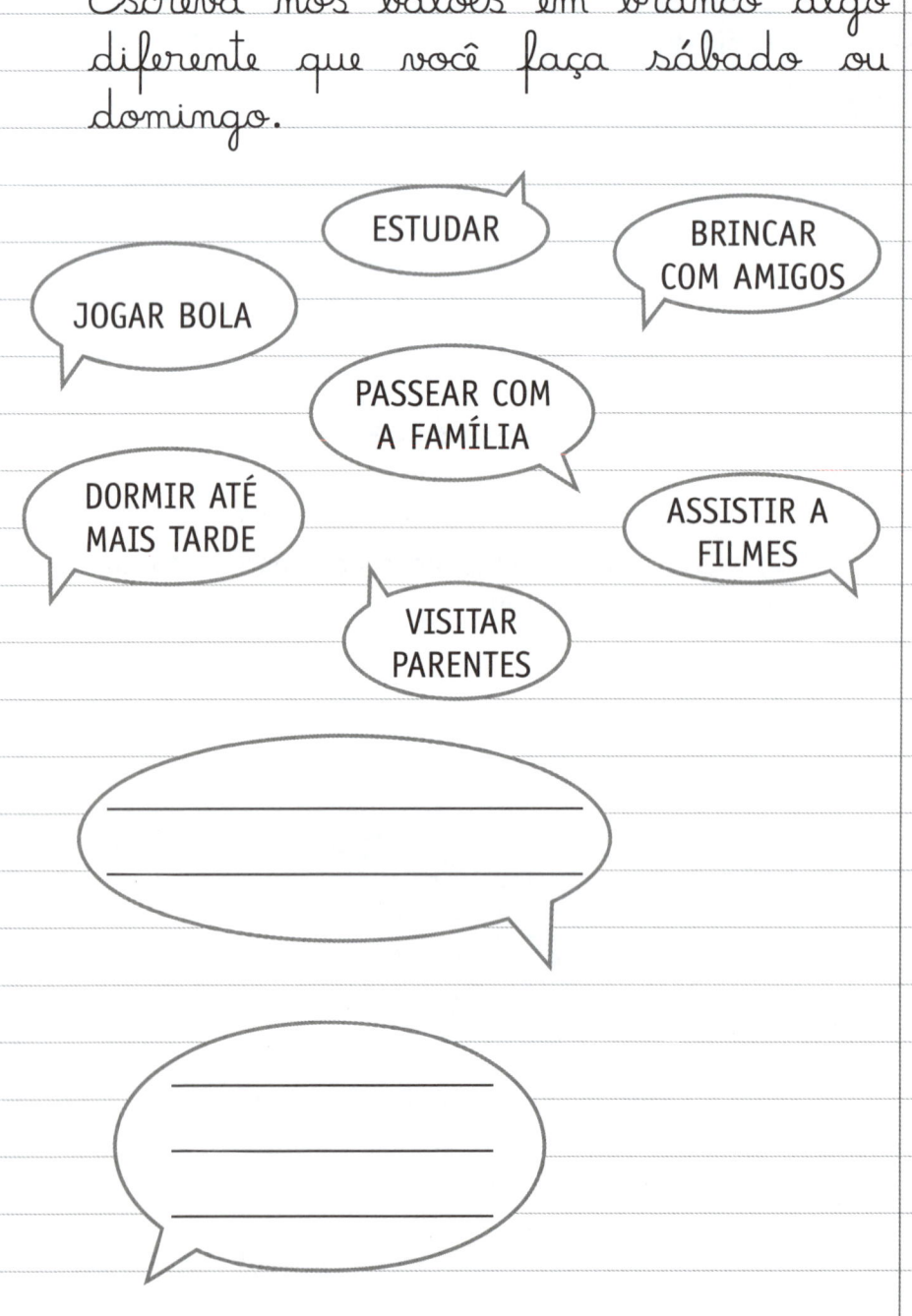

2. Desenhe nos quadros o que você faz ao longo do dia.

MANHÃ

TARDE

NOITE

Dia de aniversário

Todos os anos fazemos aniversário.

A data do aniversário é o dia e o mês em que nascemos.

No aniversário a nossa idade aumenta 1 ano.

A data de aniversário de cada pessoa é um dia muito especial!

Aline ficou muito feliz com sua festa de aniversário, na semana passada.
No próximo ano, ela vai fazer 7 anos.

3. Quando é o seu aniversário?

4. Escreva como foi seu último aniversário.

5. Faça um desenho mostrando como foi seu último aniversário.

BLOCO 4

CONTEÚDO:
- Todos temos uma história

Lembre que:

- Com o passar do tempo, as pessoas vão crescendo e se modificando.
- Marina queria saber a história de sua mãe. Por isso, a mãe dela mostrou-lhe algumas fotos.

Mãe de Marina com 1 ano de idade.

Mãe de Marina com 8 anos de idade.

Mãe de Marina com 23 anos.

20

A linha do tempo de sua vida

A linha do tempo de sua vida representa a história do que você viveu desde seu nascimento. Em cada parte dela estão registrados fatos importantes da sua vida.

Você se desenvolveu com o passar do tempo: cresceu, mudou, aprendeu coisas novas e conheceu pessoas adultas e crianças...

Veja como Yasmin cresceu em 6 anos.

1 ano   2 anos   4 anos   6 anos

1. Com a ajuda de alguém da sua família, escreva quando você aprendeu a realizar estas ações.

Eu aprendi a comer papinha com

Eu aprendi a andar com

Eu aprendi a escrever meu nome com

21

2. Quem ensinou você a realizar essas ações? Você tem fotos desses momentos? Se tiver, faça cópias e cole-as no quadro.

BLOCO 5

CONTEÚDOS:
- Moradias
- Escola
- Profissões

Lembre que:
- As moradias nos oferecem abrigo e proteção.
- Elas também devem oferecer conforto e segurança às pessoas que moram nelas.

1. Responda.

a) Você mora na mesma casa desde que nasceu?

b) O que vocês fazem para manter a moradia sempre conservada e organizada?

2. Como é a sua casa? Faça um desenho dela. Não se esqueça de representar as características de sua moradia.

Lembre que:

- A escola é muito importante para a nossa vida. Nela aprendemos muitas coisas e fazemos amizades!
- O mais importante na escola é que as pessoas se respeitem e colaborem para que todos se sintam bem.
- Você deve cuidar dela!

3. Com a ajuda do professor, complete as informações e responda.

   a) O nome da minha escola é:

   b) Ela sempre teve esse nome?
   ☐ Sim   ☐ Não

   c) Por que sua escola tem esse nome?

   d) Ela fica na rua:

25

4. Faça um desenho da escola em que você estuda.

Lembre que:

- As pessoas precisam trabalhar para sobreviver.
- O trabalho deve ser valorizado.
- É com o trabalho que se ganha o próprio sustento e o sustento da família.
- Para homenagear os trabalhadores, comemoramos, no dia 1º de maio, o Dia do Trabalhador.
- Cada profissão envolve um tipo de atividade.

5. Escreva nos quadrinhos o nome do profissional que:

a) faz desenhos.

b) pinta paredes.

c) trata dos dentes.

d) faz pães.

e) combate incêndios.

f) entrega cartas.

Observe a seguir alguns exemplos de profissão.

O sapateiro conserta sapatos.

A professora ensina aos alunos.

O padeiro faz pães, bolos, doces.

O bombeiro combate incêndios, faz salvamentos e socorre vítimas de todo tipo de acidente.

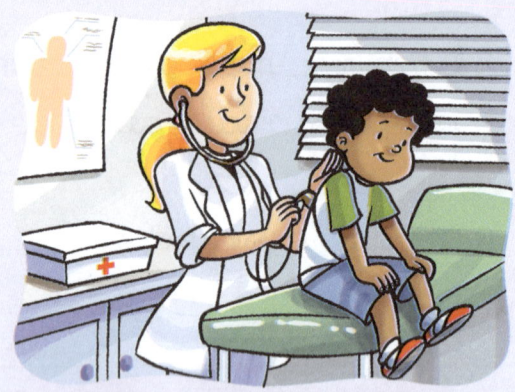
A médica cuida dos pacientes.

O carteiro entrega cartas.

O jardineiro cuida do jardim.

BLOCO 6

CONTEÚDO:
- Datas comemorativas

FESTAS E DATAS COMEMORATIVAS

Dia do Descobrimento do Brasil

Dia do Trabalho

Dia das Mães

Festas Juninas

Dia dos Pais

Dia do Folclore

Dia da Pátria

Dia da Árvore

Dia da Criança

Carnaval

Páscoa

Dia do Professor

Dia Nacional do Livro Infantil

Proclamação da República

Dia do Índio

Dia da Bandeira

Dia de Tiradentes

Natal

Carnaval

O Carnaval acontece em fevereiro ou março e é uma das maiores festas populares brasileiras.

O Carnaval brasileiro originou-se do entrudo, festa popular portuguesa.

Com o passar do tempo, o povo se organizou das mais diversas formas para brincar o Carnaval.

Foram surgindo os cordões, os blocos de frevo e afoxé, as bandas, os trios elétricos e as escolas de samba.

Comemora-se o Carnaval em quase todas as cidades do Brasil. Um dos carnavais mais famosos é o da cidade do Rio de Janeiro, pela beleza dos desfiles das escolas de samba e dos blocos de rua.

1. Leia com seus colegas e o professor as antigas marchinhas de Carnaval. Qual delas você ainda ouve?

☐ "Ô jardineira, por que estás tão triste? Mas o que foi que aconteceu?..."

☐ "Taí, eu fiz tudo pra você gostar de mim. Oh!, meu bem, não faça assim comigo, não..."

☐ "Ô abre alas que eu quero passar..."

☐ "Quanto riso, oh! Quanta alegria, mais de mil palhaços no salão..."

☐ "Mamãe eu quero, mamãe eu quero, mamãe eu quero mamar, dá a chupeta..."

☐ "Ei, você aí! Me dá um dinheiro aí! Me dá um dinheiro aí!"

Páscoa

A Páscoa, para os cristãos, está ligada à ressurreição de Jesus Cristo. É uma festa que os cristãos comemoram em **março** ou **abril**. Os ovos e o coelhinho são considerados símbolos da Páscoa. Os ovos representam o início da vida, e o coelho, a fertilidade.

2. Para você, o que é a Páscoa?

3. A sua família comemora a Páscoa? Como?

Dia Nacional do Livro Infantil

O Dia Nacional do Livro Infantil é comemorado em **18 de abril**, em homenagem a José Bento Monteiro Lobato, que escrevia para crianças e adultos.

Lobato era um grande defensor da leitura. Ele dizia: "Um país se faz com homens e livros."

O *Sítio do picapau amarelo* é uma de suas obras mais famosas.

4. Você costuma ir à biblioteca de sua escola?

☐ Não

☐ Sim

5. Você gosta de ler? Qual é o título do livro de que mais gostou?

- Por que você gostou dessa história?

Dia do Índio

No dia **19 de abril**, comemoramos o Dia do Índio. Os povos indígenas foram os primeiros habitantes do Brasil.

Cada um dos povos indígenas tem seus próprios costumes e sua língua. Todos eles convivem de perto com a natureza.

Cada povo tem um cacique, que cuida dos assuntos de interesse de todos. Também existe um chefe religioso, chamado pajé, que cuida principalmente do tratamento das doenças.

Muito do que sabemos hoje da cultura brasileira foi ensinado pelos indígenas. Por exemplo, muitas palavras de nossa língua têm origem indígena.

6. Pesquise e escreva:

a) comida de origem indígena.

b) costume de origem indígena.

c) palavra de origem indígena.

d) lenda de origem indígena.

Dia do Trabalhador

No Brasil e em vários países do mundo, o Dia do Trabalho (ou Dia do Trabalhador) é comemorado em **1º de maio**.

Todas as profissões são importantes, pois todos os tipos de trabalho ajudam no bom funcionamento das sociedades.

Nesta data também são comemoradas as conquistas dos trabalhadores ao longo da história.

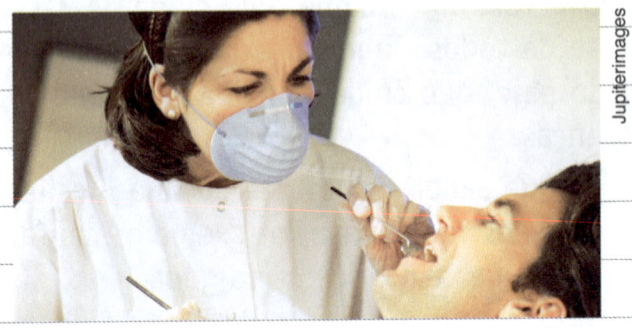

7. Escreva o nome das profissões representadas nestas imagens.

8. Recorte de jornais ou revistas figuras que representam a profissão do adulto que você entrevistou.

Dia das Mães
O Dia das Mães é comemorado sempre no segundo domingo do mês de **maio**.

9. Faça um desenho para sua mãe que mostre o que você sente por ela.

Dia Mundial do Meio Ambiente

No dia **5 de junho** comemoramos o Dia Mundial do Meio Ambiente. Esse dia é aproveitado em todo o mundo para chamar a atenção das pessoas para os problemas ambientais e a necessidade urgente de ações de proteção ao meio ambiente.

Como? Com algumas atitudes que podemos tomar em casa e na escola. Uma das mais importantes é a reciclagem do lixo. O processo de reciclagem começa pela coleta seletiva. Para isso, é só separar os lixos em: papel, plástico, metal e vidro.

Com essa atitude você está dando a sua contribuição ao meio ambiente, já que esses materiais serão reciclados ou reaproveitados na fabricação de novos produtos.

10. Leve cada material reciclável até a vasilha correspondente.

Festas Juninas

No mês de junho são comemoradas as festas de:

- Santo Antônio, no dia 13;
- São João Batista, no dia 24;
- São Pedro, no dia 29.

As Festas Juninas são bastante animadas, com muitas comidas típicas, brincadeiras, danças e músicas.

As comidas são de dar água na boca: bolo de fubá, canjica, pamonha, pé de moleque, pipoca, cocada.

As brincadeiras trazem muita alegria: pescaria, corrida de saco, jogo de argola, pau de sebo, bingo.

As danças, geralmente, são acompanhadas do som da sanfona, como a quadrilha, o forró, o xaxado e o baião.

Tudo é decorado com enfeites e bandeirinhas coloridas para deixar a festa mais bonita.

11. Com a ajuda do professor ou de um adulto de sua família, escreva uma música típica das festas juninas.

Dia dos Pais
O Dia dos Pais é comemorado no segundo domingo de **agosto**.

12. Faça um desenho para homenagear o seu pai ou o responsável por você.

Dia do Folclore

O nosso folclore é muito rico em manifestações artísticas e teve a contribuição de vários povos. Os costumes e as tradições populares são transmitidos ao longo dos anos, dos mais velhos para os mais jovens.

Comemoramos o Dia do Folclore em **22 de agosto**.

13. Recorte e cole ou desenhe uma cena que represente o folclore da região onde você vive.

Dia da Árvore

No dia **21 de setembro** comemoramos o Dia da Árvore.

Devemos cuidar da natureza com carinho. As árvores devem ser preservadas.

14. Escreva uma mensagem que alerte as pessoas sobre a importância das árvores. Depois, faça um desenho para ilustrar a sua mensagem.

Dia da Criança

Dia **12 de outubro** é o Dia da Criança.

Todas as crianças devem ser respeitadas. Elas têm direito de brincar, de serem protegidas por sua família, de ter assistência médica, entre outros. Todos esses direitos estão garantidos pelo Estatuto da Criança e do Adolescente (ECA).

Nesse dia, devemos comemorar a alegria de ser criança e refletir sobre como garantir que todas as crianças tenham seus direitos respeitados.

Dia do Professor

O professor nos ensina com carinho e dedicação.

Ele nos transmite conhecimentos e nos orienta para entendermos melhor o mundo em que vivemos.

O professor ocupa um lugar importante em nossa vida. Por isso, homenageamos esses profissionais no dia **15 de outubro**.

15. Vamos conhecer mais sobre uma criança muito especial: você! Responda à entrevista.

   a) Qual é o seu brinquedo preferido?

   b) De qual programa de televisão você mais gosta?

16. Escreva um bilhetinho para seu professor. Expresse o que você quiser.

Dia da Consciência Negra

Os africanos escravizados começaram a ser trazidos para o Brasil em 1530. Eles trabalharam sem parar e sofreram todo tipo de discriminação por muitos anos.

A cultura brasileira tem influência dos africanos na dança, na música, na culinária, no vestuário, na religião e no folclore.

O Dia da Consciência Negra é comemorado em **20 de novembro**. Esse dia foi escolhido para lembrar a morte de Zumbi, que lutou muito para que os escravizados pudessem conseguir sua liberdade.

Nesse dia também lembramos a grande importância dos africanos e seus descendentes para a formação do Brasil, no passado e nos dias de hoje.

Moinho de açúcar, aquarela de Johann Moritz Rugendas, 1835.

17. Circule as imagens que fazem referência à influência dos africanos na cultura brasileira.

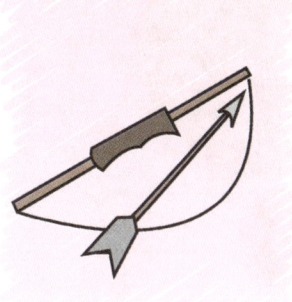

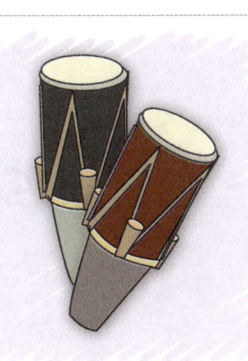

Caderno do Futuro
Simples e prático

Geografia

3ª edição
São Paulo - 2013

1º ano
ENSINO FUNDAMENTAL

IBEP

BLOCO 1

CONTEÚDO:
- Lado direito e lado esquerdo

Lembre que:
- O nosso corpo tem dois lados: o lado direito e o lado esquerdo.

1. Siga as instruções do seu professor e coloque:

- A sua mão direita sobre a sua perna direita;
- A sua mão direita sobre a sua perna esquerda;
- A sua mão esquerda sobre a sua perna esquerda;
- A sua mão esquerda sobre a sua perna direita;
- A sua mão direita sobre a sua orelha direita;
- A sua mão direita sobre a sua orelha esquerda;
- A sua mão esquerda sobre a sua orelha esquerda;
- A sua mão esquerda sobre a sua orelha direita.

Agora responda:
Para escrever, você utiliza a mão...

a) ( ) direita.
b) ( ) esquerda.

45

2. No espaço abaixo, faça o contorno de suas mãos. Depois, indique qual é a mão direita e qual é a esquerda.

Direita, esquerda – Frente, atrás

No dia a dia podemos observar diferentes objetos, pessoas, locais etc.

Veja alguns exemplos:

Eu vejo uma árvore do meu lado direito e um banco de jardim do meu lado esquerdo.

Eu mudei de posição. Agora vejo a árvore do meu lado esquerdo e o banco do meu lado direito.

O menino mudou de posição.

Estou parado olhando de frente para o sofá! O carrinho vermelho está à minha esquerda e o azul à direita!

Estou pulando corda, e o cesto de lixo está à minha direita. E tem um gato à minha esquerda.

A minha mochila está atrás de mim. Meu computador à direita! Para eu sair do meu quarto, eu devo andar para a esquerda.

47

3. Fique em pé ao lado de sua carteira, olhando em direção à mesa do professor. Observe o que está à sua volta e desenhe o que você vê:

a) à sua frente.

b) atrás de você.

c) à sua direita.

d) à sua esquerda.

4. Continue em pé ao lado de sua carteira, porém de costas para a mesa do professor. Observe o que está à sua volta e escreva o que você vê:

a) à sua frente.

b) atrás de você.

c) à sua direita.

d) à sua esquerda.

5. Agora, converse com seu professor e com seus colegas sobre as suas observações.

BLOCO 2

CONTEÚDOS:
- O planeta
- As moradias

Lembre que:

- O nosso planeta chama-se Terra. Ele é um lugar muito especial.
- Nele vivem muitos seres vivos: as pessoas, os animais e as plantas.
- Na Terra há diferentes paisagens:

   → lugares em que a natureza permanece do mesmo jeito há muitos anos.

   → lugares que foram transformados pelos seres humanos.

- Quantos lugares diferentes existem no planeta em que vivemos!

1. Na região onde você vive descubra o nome de:

- uma rua

- um bairro

- uma avenida

- uma praça

53

2. Você já observou bem o lugar onde vive? O que ele tem de especial? Desenhe.

3. Observe o caminho de sua casa até a escola. O que você vê? Desenhe.

As moradias

As moradias podem ser construídas com diferentes materiais: tijolos e cimento, madeira, barro amassado e até gelo nas regiões mais frias do planeta!

Moradia feita com tijolos e cimento.   Moradia feita com gelo.   Moradia feita com barro amassado.

Em geral, uma moradia é dividida em cômodos, que são espaços com funções diferentes.

Observe os exemplos de cômodos da casa ao lado.

Essa divisão das moradias pode variar bastante, de acordo com a região em que as pessoas vivem, seus costumes, suas condições financeiras...

4. Observe o desenho e faça a correspondência dos nomes com os números.

☐ cozinha

☐ quartos

☐ banheiro

☐ sala

☐ sala de jantar

☐ garagem

BLOCO 3

CONTEÚDOS:
- O caminho para a escola
- Os espaços da escola
- A sala de aula

1. No caminho para a escola da imagem ao lado, você vê igreja, padaria, farmácia, casas, supermercado, árvores etc.

Observe a imagem e pinte:

- a escola de azul
- a igreja de amarelo
- a padaria de laranja
- a farmácia de rosa
- as casas de vermelho
- o supermercado de marrom
- as árvores de verde

Os espaços da escola

Diretoria, secretaria, salas de aula, banheiros e pátio são alguns dos espaços que existem na escola.

Algumas escolas também têm laboratórios, cantina, ginásio de esportes com quadras e piscina, teatro, além de serviços médicos, como enfermaria e sala de dentista.

Veja os espaços desta escola.

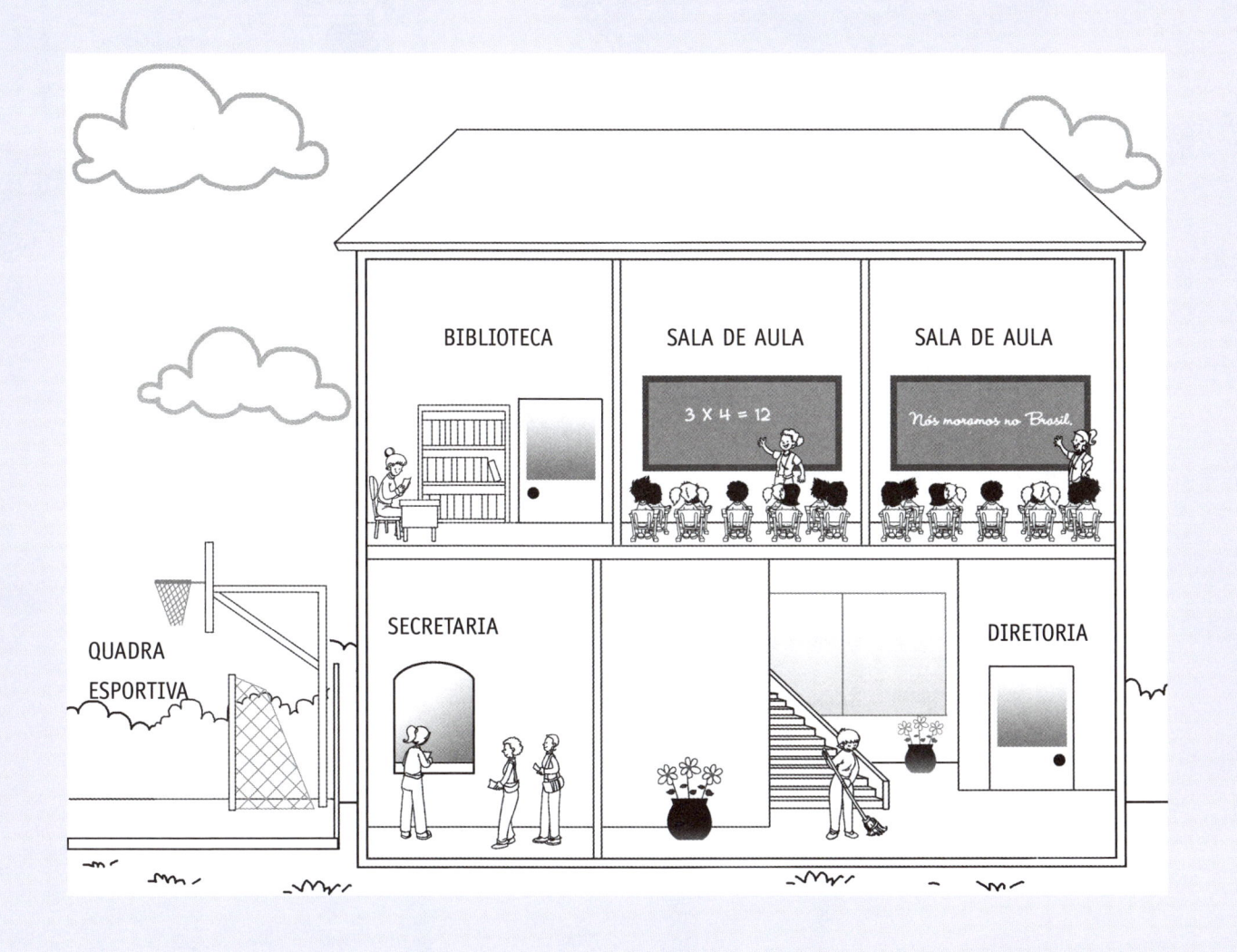

59

A sala de aula

A sala de aula é um espaço para aprender muitas coisas, conhecer pessoas, realizar diferentes atividades. Os alunos reúnem-se com o professor e com os colegas de turma para fazer variados trabalhos escolares.

Observe as cenas abaixo.

Lembre que:

- Os alunos ocupam um lugar na sala de aula.
- Esse lugar pode ser na parte da frente ou de trás da sala, perto ou longe da mesa do professor.

2. Localize sua sala de aula em relação a outros espaços, completando as frases com **longe** ou **perto**.

a) Minha sala de aula fica .... da diretoria.

b) Minha sala de aula fica .... do pátio.

c) Minha sala de aula fica .... dos banheiros.

d) Minha sala de aula fica .... da secretaria.

e) Minha sala de aula fica .... da biblioteca.

3. Descreva sua posição na sala de aula.

a) Em relação à mesa do professor, você está sentado em uma carteira que fica:
☐ perto da mesa
☐ longe da mesa

b) Você se senta na parte:
☐ da frente da sala
☐ do fundo da sala

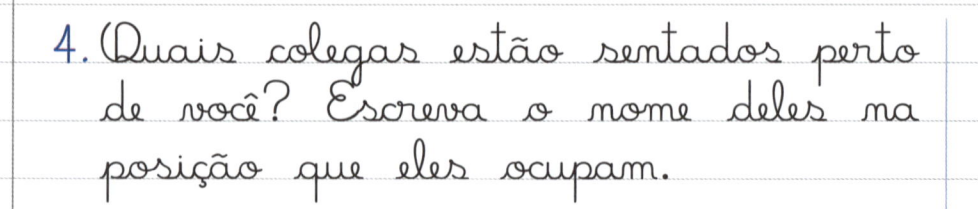

4. Quais colegas estão sentados perto de você? Escreva o nome deles na posição que eles ocupam.

a) Na sua frente está

b) Do seu lado esquerdo está

c) Do seu lado direito está

d) Atrás de você está

e) Quem está sentado mais longe de você?

f) Quem está sentado mais perto de você?

BLOCO 4

CONTEÚDO:
- As paisagens

Observe o caminho que estas crianças fazem para ir de casa à escola.

Gabriel vai para a escola caminhando pelas ruas do lugar onde mora.

Ele mora em uma grande cidade, onde há muito movimento.

No caminho, ele passa por subidas e descidas.

Ele vê edifícios, uma padaria, lojas e muitos veículos.

Ele também encontra pessoas caminhando pelas calçadas.

Juliano vai à escola de carroça, com seu pai e seu irmão.

Ele mora no campo, em um lugar com plantações. O lugar é plano, mas ao longe é possível ver alguns morros e elevações.

No caminho, Juliano vê muitos animais, árvores e outras plantas que já estão ali há muito tempo, bem antes do pai do seu pai mudar para lá e comprar um pequeno sítio.

Ele também encontra casas, um armazém, um ponto de ônibus e algumas pessoas andando pela estrada.

Lembre que:

- Sítio é uma propriedade localizada no campo, onde se cultivam produtos e se criam animais. Você já visitou um sítio?

1. Complete a frase.

   a) Gabriel vai para a escola. No caminho ele vê:

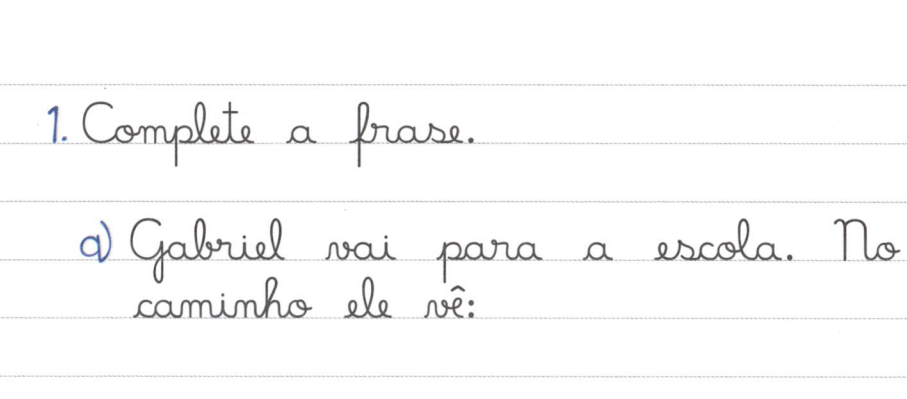

   b) Juliano, no seu caminho para a escola, vê:

2. Assinale o que você vê no caminho de sua casa até a escola.

   ☐ Padaria

   ☐ Supermercado

   ☐ Loja de calçados

   ☐ Livraria

   ☐ Floricultura

   ☐ Loja de eletrodomésticos

- Observe o caminho que você faz para ir de casa à escola.

3. Complete a frase.

   Eu, no meu caminho para a escola, vejo...

4. Compare seu caminho com o de Gabriel e o de Juliano. Depois, responda.

- O seu caminho para a escola é parecido com o de Gabriel ou com o de Juliano? Por quê?

Lembre que:

- Algumas paisagens são naturais. Nelas existem árvores e outras plantas nativas, montanhas, rios, lagos e animais, que vivem junto à natureza.

- A paisagem é transformada pelas pessoas que chegam a um lugar e começam a construir edifícios, casas, estradas, pontes, lojas, praças, ruas e avenidas por onde circulam carros, caminhões, ônibus, trens.

- Assim, a paisagem deixa de ser totalmente natural para ser transformada pelas necessidades das pessoas.

- As pessoas modificam a paisagem natural para viver em um lugar.

- Elas constroem casas, escolas, fábricas, ruas, avenidas, estradas, fazem plantações e pastos para a criação de animais.

- Para fazer isso, elas derrubam árvores, retiram plantas, afastam os animais que vivem na natureza e até modificam alguns morros ou vales.

5. Responda:

Como é a paisagem do lugar onde você mora?

6. As cenas mostram o que aconteceu no lugar quando as pessoas chegaram. Numere-as na ordem em que aconteceram.

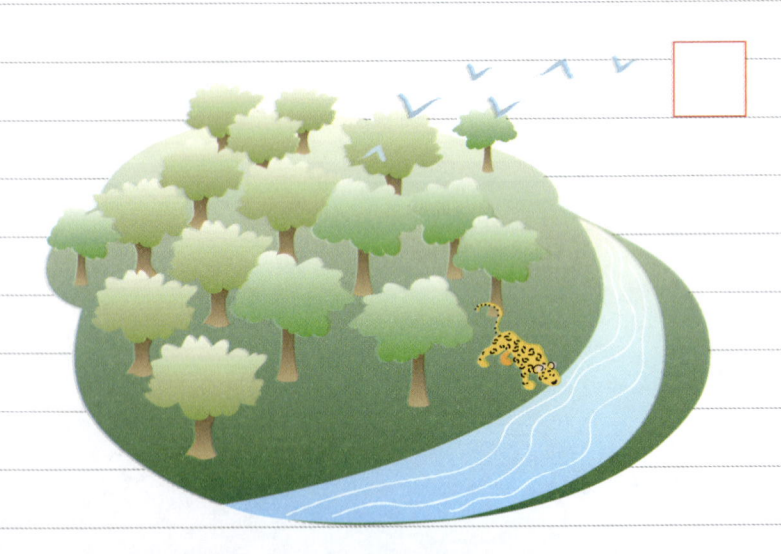

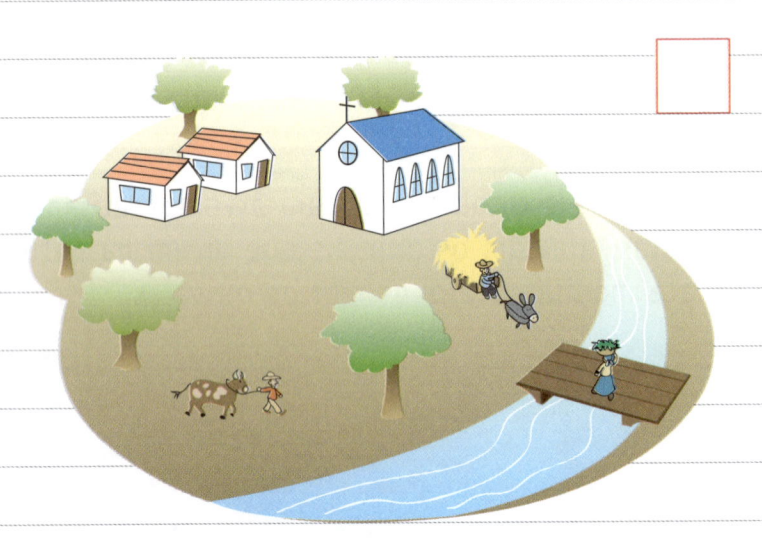

7. O que você percebeu ao observar as cenas? Complete as frases.

a) Na paisagem havia animais, árvores, um rio e plantas nativas.

b) As pessoas chegaram e

c) Mais pessoas foram chegando e

d) A paisagem natural se transformou, nela aparecem

8. Observe a foto com atenção.

Fazenda de cacau em Gandu, Bahia, 2008.

O que as pessoas modificaram nessa paisagem natural? Marque na foto e responda.

BLOCO 5

CONTEÚDO:
- Meios de transporte

Lembre que:

- As pessoas e as mercadorias são levadas de um lugar para outro por diversos meios de transporte: carros, caminhões, trens, aviões, navios, ônibus, bicicletas, carroças e outros.
- Os transportes podem ser terrestres, aéreos e aquáticos.

Meios de transporte terrestres

O automóvel, o ônibus, o caminhão, o trem, a motocicleta e o metrô são meios de transporte terrestres.

Metrô.

Ônibus.

Trem.

Carro.

Caminhão.

Motocicleta.

Meios de transporte aquáticos

O navio e a canoa são meios de transporte aquáticos.

Navio.

Canoa.

Meios de transporte aéreos

O avião e o helicóptero são meios de transporte aéreos.

Avião.

Helicóptero.

> **Lembre que:**
>
> - Os meios de transporte podem ser particulares ou coletivos.
> - Os meios de transporte particulares geralmente transportam poucas ou uma única pessoa, como:
>   → automóveis;
>   → motocicletas.
> - Os meios de transporte coletivos podem ser usados por muitas pessoas, como ônibus, aviões e balsas.

1. Pinte os meios de transporte aéreos, circule os transportes terrestres e marque um X nos transportes aquáticos.

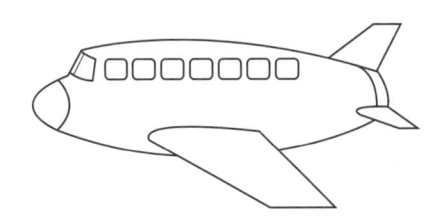

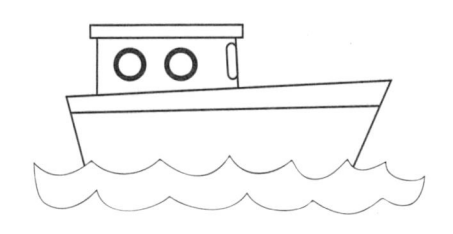

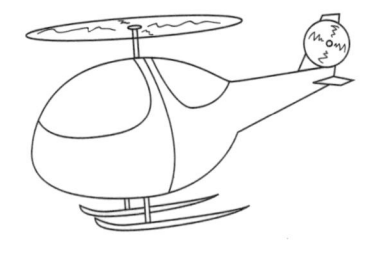

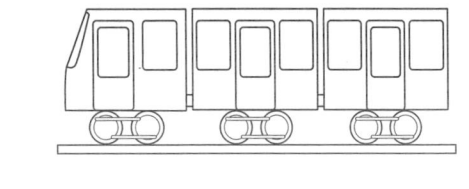

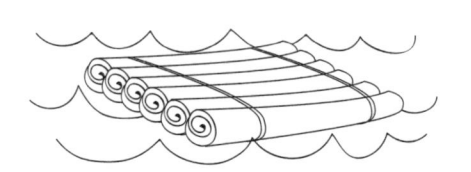

BLOCO 6

CONTEÚDO:
- Trânsito

Lembre que:

- A quantidade de pessoas e veículos nas ruas é grande.
- Por isso, precisamos dos sinais de trânsito.
- As placas de sinalização de trânsito servem para orientar motoristas e pedestres.

Veja algumas dessas placas e o que elas significam.

Parada obrigatória	Proibido acionar buzina ou sinal sonoro	Área escolar
Semáforo à frente	Proibido estacionar	Proibido virar à direita
Velocidade máxima permitida	Siga em frente	

O semáforo também é um sinal de trânsito. Há dois tipos de semáforo:

a) o semáforo **para pedestres**

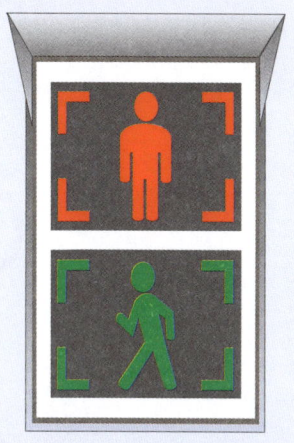

Vermelho: Perigo! Devo parar.

Verde: Os carros devem parar e eu posso atravessar.

b) o semáforo **para veículos**

Vermelho: Perigo! Pare!
Amarelo: Atenção! Aguarde.
Verde: Sinal aberto. Pode passar.

Os carros só podem seguir quando o semáforo para veículos sinalizar a cor verde.

Lembre que:

- As faixas de segurança para pedestres também são sinais de trânsito.
- Só devemos atravessar a rua na faixa de segurança.
- Nessas situações, as crianças devem estar sempre de mãos dadas com um adulto.

1. Observe a cor de cada semáforo e escreva o que ela indica.

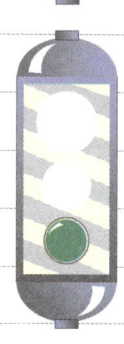

2. Pinte com a cor correta cada semáforo de acordo com o texto abaixo.

Perigo! Pare.

Os carros devem parar e eu posso atravessar.

3. Ligue identificando cada placa de sinalização.

- Parada obrigatória
- Área escolar
- Proibido buzinar
- Siga em frente
- Proibido estacionar

76

BLOCO 7

CONTEÚDO:

- Meios de comunicação

Lembre que:

- Podemos fazer contato com as pessoas por diversos meios de comunicação.
- Os meios de comunicação servem para transmitir informações e proporcionar entretenimento.
- Observe alguns meios de comunicação.

Carta.

Telefone celular.

Televisão.

Rádio portátil.

Computador.

Cinema.

Alguns meios de comunicação informam muitas pessoas ao mesmo tempo.

Os jornais, as revistas e os livros dão informações sobre vários assuntos.

O rádio transmite notícias, músicas e outras informações.

A televisão transmite imagens e som ao mesmo tempo.

A rede mundial de computadores, conhecida como internet, conecta várias pessoas no mundo inteiro.

Quando você precisa se comunicar com um amigo ou parente, pode utilizar o telefone, as cartas ou os telegramas.

O avô recebeu uma carta escrita pelo neto.

Essas crianças se comunicam por telefone.

1. Qual é o meio de comunicação que você mais utiliza?

2. Qual é o nome do jornal mais lido em sua cidade? Se necessário, pergunte a um adulto.

3. Escreva o nome de um livro que você já leu.

4. O que você mais gosta de assistir na televisão? Quais são seus programas preferidos?